Distribution :

Éditions Arc-en-ciel

1132 High Street

Lancaster, PA 17603

United States

1ère édition : Septembre 2004

2ème édition : Juin 2020

Edition : Linda Britto

Mise en page et Couverture : Linda Britto

Imprimé aux États-Unis en Juin 2020

Éditions Arc-en-ciel

Expressions de Foi

Yolaine Samson Cabrol

Éditions Arc-en-ciel

Lancaster, Pennsylvania, USA

ISBN : 978-0-578-66414-9

Préface

Expressions de Foi est un recueil de poèmes écrits à la gloire de Dieu. Les poèmes sont simples, clairs, limpides comme de l'eau fraîche. Ils sont faits pour louer le Seigneur, ainsi que pour instruire, édifier, encourager, déterminer et parfaire tous ceux qui s'engagent dans la voie de l'éternité, et ceux-là qui hésitent encore à prendre cette direction.

Ce petit volume peut sembler quelque peu insignifiant, si on le juge par sa grosseur. Mais en le scrutant dans ses profondeurs, on peut découvrir qu'il est, en réalité, plein de sens. Il est en premier lieu un répertoire de louanges à mon Seigneur Dieu, puisé dans l'inspiration, à travers les éternelles vérités de son Verbe. J'éprouve un plaisir infini à vous présenter ce recueil issu de ma profonde méditation.

Toutes les pensées qui y sont insérées m'ont été inspirées par l'Esprit Saint et elles sont ici condensées pour votre édification personnelle.

Éloge pour Expression de foi

Ma très chère sœur Yolaine,

J'éprouve une très grande joie, et je me sens honorée d'être l'une des lectrices de votre recueil de poèmes « *Expressions de foi* ».

Le Seigneur, dans son amour, vous a douée d'une capacité exceptionnelle de communiquer sa vérité avec beaucoup de charme et d'élégance. Ce que j'aime le plus dans vos écrits est le fait que les poèmes ne sont pas vides, ils sont tous remplis de sens. Vous faites toujours passer votre message tout en maintenant le style.

Dans « Qui est le diable ? » vous n'avez pas manqué de présenter à vos lecteurs cet ennemi sans visage, sous de multiples facettes. Et encore, votre conseil salutaire : Fuyons-le, il n'est pas loin ! Je crois qu'il ne pourrait avoir lieu d'une meilleure façon de conclure ce poème.

« Le temps d'après », quoique écrit dans un contexte bien déterminé, celui du temps d'après le 11 Septembre 2001, reste et demeure un poème de tous les temps. J'en ai personnellement puisé du réconfort.

Dans « Jésus est vivant », l'un de mes préférés, avec beaucoup d'éloquence vous avez présenté Jésus à la

fois comme Créateur, Rédempteur et Sauveur juste au tout premier paragraphe. Ma chère sœur, vous me faites penser à l'apôtre Paul !

Je vous félicite sœur Yole, pour cette belle œuvre accomplie à la gloire de notre glorieux Sauveur Jésus-Christ. Je suis persuadée que le ciel est bien fier de vous. Vous avez fait de l'Éternel l'objet de vos pensées, il fera de même pour vous et pour tous ceux qui vous sont chers.

Que le Seigneur continue à vous inspirer et moi je ne cesserai pas de vous lire !

Votre sœur en Christ qui vous aime tendrement,

Yolette Salomon

Octobre 2004

Remerciements

Je veux adresser un spécial merci aux membres de ma famille pour leur support inconditionnel regardant tous les aspects, généralement quelconque, de ma réalisation. Au grand festival de fleurs pour remercier tous ceux qui m'ont aidée dans cette œuvre poétiques, sainte et bénie à la gloire de notre Seigneur Jésus-Christ, notre Sauveur et Libérateur, j'inclus le nom de ma nièce et filleule Linda Britto, de ma bien-aimée sœur Marie-Ange Samson Etienne, de Pascal Cabrol, mon fils et producteur de CD, de Daniel et Yvonne Cabrol, mes bergers. Quant à ma nièce Linda, elle a fait montre de tous ses talents, de son génie même, dans la restructuration de ce beau, pittoresque et divin projet.

J'inscris enfin dans mon cœur tous ceux, parents et amis, qui m'ont aidée et encouragée dans la rédaction de ce projet. Je remercie tous mes amis, et particulièrement Marcel Alexis pour son aide hautement appréciée dans l'accomplissement de cette œuvre. C'est un homme d'une énergie légendaire et admirable quand il s'agit de la poursuite de ses activités artistiques et

communautaires. Mes remerciements les plus sincères vont également à l'endroit du Dr. Gérard Campfort, de regrettée mémoire, pour sa touche professionnelle apportée à la phase finale de la première édition de ce petit ouvrage. Je ne voudrais pas oublier tous mes frères et sœurs en Christ qui m'ont assistée et ont rendu possible ce grand rêve devenu réalité. Que Dieu vous bénisse car en m'aidant, vous lui avez rendu gloire puisque *Expressions de foi* a été conçue tout à sa gloire et en son honneur.

Et pour finir, j'adresse mes louanges et ma gratitude à Dieu qui me soutient et qui fait naître en moi le désir de l'aimer et d'aimer les autres, de révéler sa parole tout en la répandant. Bénit soit l'Éternel ! Bénit soit l'Éternel ! Bénit soit l'Éternel !

Je vous souhaite enfin, chers lecteurs, des moments fructueux d'introspection et de méditation au cours desquels vous vous attirerez de riches bénédictions pour vous et pour votre famille. Que la douce communion du Père et du Fils et du Saint-Esprit vous entoure, vous protège et vous garde.

Yolaine Samson Cabrol ~ Juin 2020

À la découverte de l'auteur

~ Une conversation avec Yolaine Cabrol ~

Quelqu'un vient de faire son entrée. Il demande à voir l'auteur pour de plus amples connaissances. Cette dernière se présente dans sa gentillesse coutumière, le sourire évasé, tandis que l'homme s'engage dans le rituel d'une conversation ordinaire.

« Bonjour, Madame. Comment allez-vous ?

— Très bien, Monsieur, je ne peux me complaindre, car mon Berger prend bien soin de moi.

— Pardon, seriez-vous par hasard une brebis ?

— J'aurais alors le plus grand privilège, il ne serait plus nécessaire de me métamorphoser, je veux dire de me faire toute petite devant mon Maître et Seigneur.

— De quel maître parlez-vous, Madame ?

— Vous auriez dû le pressentir. Êtes-vous chrétien ?

— Je pense que oui, et c'est pourquoi je m'intéresse particulièrement à vos écrits.

— Particulièrement ! Cela me chatouille au niveau de mon amour-propre. Merci pour votre intérêt.

— Mais, c'est à moi de vous remercier pour ces minutes captivantes de courtoisie et d'intérêt spirituel. Puis-je vous demander, Madame, ce qui vous a porté à choisir et à pratiquer l'art d'expression par le truchement de la poésie ?

— Je regrette de vous décevoir ; peut-être je n'ai rien choisi. Tout me vient naturellement comme de la bouche béante, inassouvie d'une fontaine. La source de mon inspiration est intarissable quand il s'agit de chanter la gloire de mon Créateur.

— Je ne suis guère déçu, au contraire. Mais comment vous prenez-vous pour écrire tant de poèmes, de sujets d'occasion, des livres mêmes alors que vous souffrez d'une vision déficiente ?

— Vous voulez me faire grâce de l'attribut « aveugle ». C'est tout de même gentil de votre part. En fait, je ne le suis pas. L'expérience m'a appris que les « yeux du cœur » sont plus perçants, plus éclatants, plus habiles, plus intelligents, plus aimants que ceux du dehors. Ces derniers ne sont que des fenêtres, malheureusement mi-ouvertes, le plus souvent à cause des intempéries du milieu ambiant ; tandis que les yeux de l'âme ou du cœur

12

sont la source, le fleuve, le bâtiment, l'enceinte, l'immensité même. Qui oserait limiter leur perspicacité, leur sensibilité, leur acuité ?

— Vous me coupez le souffle. Il me prend l'envie d'échanger les miens contre les vôtres.

— C'est trop demander. Chacun a ce qu'il mérite, pas vrai ?

— Quels moyens utilisez-vous pour lire et écrire ?

— Je lis et écris aux moyens de méthodes adaptées aux déficients visuels, tels que la méthode de lecture braille, l'usage de l'informatique à l'aide d'ordinateurs pourvus de systèmes agrandisseurs de lettres, de systèmes vocaux incorporés, et toutes sortes d'outils adaptés aux besoins.

— Puis-je aussi vous demander ce que vous faisiez avant d'entreprendre le métier d'écrivain ?

— J'étais une professionnelle en service infirmier, une institutrice, une esthéticienne. La nature m'a dotée généreusement dans pas mal de domaines.

— Bravo ! Pratiquez-vous encore toutes ces disciplines ?

— Non. Les réalités de l'heure rendent impossible l'exercice de certaines, tandis que de nouveaux horizons ne cessent de s'ouvrir pour d'autres devant moi.

— Je suis curieux d'en connaître quelques-uns !

— En voilà un. C'est la publication de ma collection : **Expressions de foi** suivie de **Réminiscence** en langue française, anglaise et créole, ainsi que **Détente** en langue française et créole.

— Mes félicitations, madame. Tous mes vœux de succès pour *Expressions de foi, Réminiscence* et *Détente* !

— Merci bien, Monsieur, de votre grande appréciation.

— Au revoir, Madame.

— Au revoir, Monsieur. Que Dieu vous bénisse !»

Dieu, ses attributs

Connais-tu le trio des divines personnes ?

Connais-tu ce grand maître qui vit dans les cieux ?

Et connais-tu celui qui fit tout de son Verbe ?

Eh bien, on l'appelle : Dieu, Seigneur, Jéhovah,

Éternel Tout-Puissant, l'Alpha et l'Omega.

En six jours, et la terre et les cieux, il créa.

Des ténèbres, éclata sa brillante lumière.

D'une masse informe il façonna la terre.

Il fit le firmament et il fit l'univers,

Les arbres, les bêtes, les mers et les rivières.

Pour achever son œuvre, enfin il créa l'homme

Pour être légataire avec sa progéniture.

Dieu est grand et sa force mène l'univers.

Il dirige les vents et lance les éclairs.

Il lâche les tempêtes et fait trembler la terre.

Son trône dans le ciel demeure sans pareil.

Dieu d'omnipotence, il opère des merveilles.

Dieu d'omniscience, tout passe sous sa tutelle.

Dieu d'omniprésence, il est en tout et partout.

Il est le Dieu de justice : Il châtie les méchants.

Mais aux bons il donne toute sa récompense.

Dieu de vengeance, il justifie les innocents.

Dieu de bonté, il calme le cœur des croyants.

Il élève les humbles, les obéissants.

À ceux-là, il renouvelle son alliance.

Dieu d'amour, il donne au monde son fils Jésus

Pour qu'il lui redonne son paradis perdu

Par son sacrifice expiatoire voulu.

Il est le Dieu de paix et de miséricorde.

Par le pardon à chaque fois qu'il nous accorde

Il nous témoigne ainsi son amour infini.

Disons donc :

Gloire à Dieu ! Pour sa grandeur incommensurable.

Louange à Dieu ! Pour ses qualités innombrables.

Béni soit Dieu ! Pour son amour inestimable.

Gloire à toi, Seigneur !

Le trône de Dieu

Qui, un jour, entrera par sa porte, verra
Comme l'apôtre Jean emmené en visite
Le trône de Dieu et sa merveilleuse suite ?
Il le verra bien qui, un jour, le franchira.

La porte s'ouvre sur un tel panorama,
Une féerie de beauté, de splendeur
Projetant toute une infinité de lumière
Dans le céleste, magnifique paysage.

Au milieu du trône est l'Alpha et l'Oméga
Dressé comme une tour sculptée en pierreries,
Scintillante et brillante aux regards éblouis,
Qui luit et illumine dans tout son éclat.

Juste devant ce trône est le grand lampadaire
Aux sept chandeliers d'or, les sept Esprits de Dieu.
Puis sont les chérubins ailés tous chargés d'yeux
Pouvant d'un seul coup d'œil couvrir la terre entière.

Autour du grand trône sont aussi vingt-quatre autres,
Ceux des vieillards vêtus de blanc et couronnés.

Mais au centre, un unique mouton est placé
Qui a sept cornes et sept yeux, c'est bien l'Agneau.

C'est l'Agneau de Dieu, immolé pour nos péchés.
C'est le Fils bien-aimé, l'héritier du grand trône.
C'est le libérateur et le Rédempteur des hommes.
Lui seul a le droit d'ouvrir le rouleau scellé.

Dieu le Père avec lui, sont les seuls adorés
Par les chérubins, les vieillards et tous les anges
En grande multitude ainsi que l'archange.
Ils sont les seuls dignes d'être loués et glorifiés.

Et Jean a vu la foule immense des chrétiens,
Ceux-là qui sont venus d'ici-bas, victorieux,
Blanchis dans le sang de l'Agneau,
Pour vivre avec lui, désormais dans son lieu saint.

Rien d'ici-bas n'est comparable à ce haut-lieu
Où l'on puisse contempler autant de merveilles.

Seul le grand Saint-Esprit, dans sa grande sagesse,

Peut nous faire rêver de la splendeur des cieux.

L'homme, sa genèse

Il est des myriades de questions à poser.

Celle-ci est d'une gentille p'tite fille :

« Maman, veux-tu me dire comment je suis née ?

— Un bel ange, tu vois, t'a apportée ici.

— C'est féerique, oh, que je suis ravie ! »

Pauvre et naïve enfant, ta maman t'a leurrée !

Il vient alors le temps, à ce fils, d'interroger.

« Je voudrais savoir d'où j'suis venu, papi ?

— De ta mère, un beau jour, tu es sorti bébé.

— N'est-ce pas merveilleux que de vivre ma vie ! »

À un tel réparti, il n'est que d'acquiescer !

Il est un grand nombre de curieux énoncés :

« L'homme viendrait du singe » est une théorie

Extirpée d'un évolutionnisme outré,

Établie sur des données archéologiques.

Par ailleurs, le *Big Bang* est une théorie

Émanée de la génération spontanée ...

Quelqu'un d'autre dirait : « Je viens d'Adam et d'Ève,

Formé de la poussière que Dieu a pétrie,

Avec tout ce qui est : la lune, le soleil ;

Les planètes des cieux et tout ce qui vit :

La flore de terre et la faune de mer.

L'homme vient de la main de son majestueux Père,

Le Dieu qui est, qui fut, le Dieu de l'infini. »

L'homme, ce complexe

Un bloc de molécules dans une enveloppe,
Un paquet de cellules auto-génératrices
Avec des organes, des membres de chair et d'os ;
Des systèmes aux fonctions autoreproductrices :
Un homme, c'est comme un puzzle, une entité.

Le corps humain se configure en trois parties :
La tête loge un chef d'orchestre — le cerveau
De même que plusieurs sens : odorat, vue, goût, ouïe.
Elle sculpte la face à la manière d'un sceau
Grâce auquel chacun a sa propre identité.

Le tronc, c'est la deuxième importante section.
C'est le CPU : *the central processing unit.*
De grands organes tels que cœur, foie, rate, poumons,
Ainsi que ceux du toucher y prennent logis.
Au bal rythmé du cœur, tous ont de quoi tirer.

Deux supports : les jambes, du corps en sont la base,
Les deux chers attributs de sa mobilité.

Par ailleurs, c'est une infinité innombrable

De téguments, vaisseaux, glandes, nerfs non cités.

Ils concourent tous à générer la vitalité

Et, du même coup, la reproductivité.

Mais la vie, le corps seul peut-il la gérer ?

Sans son alter ego, l'âme, il ne peut vivre.

Serait-il grand, fort, imposant comme un pilier,

Il aura inéluctablement à mourir.

Mais par l'Esprit il pourra certainement revivre,

Transfiguré, glorifié pour l'éternité.

Qui est le Diable ?

Son gîte est au bord des ténèbres.
Grand pourvoyeur de frayeur,
Il va et vient dans les tempêtes.
Il bouleverse ciel et terre.

Parfois il se fait aquilon
Juste pour prendre son élan.
Alors il rage, il tonne, il gronde,
Il saute au cœur de l'ouragan.

Père incontesté du mensonge,
Comme il a foutu nos premiers parents !
Engendreur de malédictions,
Comme il a gâché l'existence !

Il est le nerf de toute guerre,
L'envenimeur de tout conflit,
L'ambassadeur de la misère
Dans le monde des démunis.

Mais, très familier, il est là
S'insinuant dans notre vie.
Adroit, il suggère tout bas
Les appâts envoûtants du vice.

Il rit quand on suit son dicton,
Il s'arrange pour bien s'asseoir,
Il s'installe alors pour de bon
A tramer et à filer du noir.

On est bel et bien pris au piège.
Oh ! Quel malheur, quel désespoir !
On crie, on saute, on rage, on peste
Mais déjà, le rusé s'éloigne.

Le Diable est par ci par là,
À table, au bain, au lit, au jeu,
Au travail, à l'église, au bal,
Cherchant qui brulerait à son feu.

Il représente aussi l'ami,
L'enfant, le conjoint, le voisin,

Les sentiments, les convoitises.

Fuyons le Diable, il n'est pas loin.

Le péché originel

Adam émergea d'un long et profond sommeil[1].
Tout en s'étirant, il s'apprêta au réveil.
En ouvrant les yeux, il vit comme dans un rêve
Une très jolie créature : C'était Ève.

Elle parut plus ravissante que l'aurore
Vêtue de son manteau pourpre irisé d'or,
Plus tendre et captivante qu'une tourterelle,
Une vraie merveille sculptée par l'Éternel.

Adam frémit de joie, et susurra ces mots :
« Tu es la chair de ma chair et l'os de mes os ».
Ève devint sa femme, son alter ego,
Et ce fut pour le couple l'instant le plus beau.

Du grand jardin d'Éden, ils étaient les seuls maîtres.
La nature entière riait à ces deux êtres.
Il coulait à profusion du lait et du miel
Mais ils devaient allégeance à leur Dieu du ciel.

---

[1] Livre de la Genèse 2

Un jour, comme Ève se promenait seule en rêvant
Elle fut séduite par un infâme serpent.
Du fruit défendu elle mangea à pleines dents
Puis en le convainquant, en offrit à Adam,
Et tous les deux péchèrent en désobéissant.

Dieu s'irrita. Du jardin d'Éden les chassa.
À des peines énormes il les condamna.
D'un sol aride Adam fera le labourage.
La sueur de son front assurera l'arrosage.

Ève, dans la douleur accouchera ses enfants.
La mort, le travail, la maladie, la souffrance :
Telle fut la dure, l'inévitable sentence
Dont nous héritons tous de nos premiers parents.

Sommes-nous de ce fait à jamais condamnés ?
La vraie liberté, aujourd'hui, nous est donnée.
Le sang versé de Jésus-Christ nous a lavés.
Le paradis jadis perdu est retrouvé.
Gloire à toi, ô Éternel !

Mens sana in corpore sano[2]

Que veut bien sembler dire ce savant énoncé,

En d'autres termes, « Un esprit sain dans un corps sain » ?

Faisons la paraphrase de cette pensée.

Disons : « Un esprit saint dans un corps saint ».

Les deux sens, l'un et l'autre s'embrassent et se mêlent.

De même, ils s'entrelacent comme les deux mains.

Côte à côte, ils vivent en symbiose continuelle :

Esprit saint, corps sain, corps saint, esprit sain.

Tout être humain subsiste de sa nourriture.

Sa santé est fruit d'excellents soins corporels.

Le milieu, le mouvement, la bonne stature,

Le soleil, l'air, l'eau, le repos lui sont essentiels.

L'esprit pour être sain a ses nécessités :

Une saine maison, le corps, son parloir,

Une adroite culture de ses facultés,

Sensibilité, intelligence, mémoire,

---

[2] Origine : *Les Satires*, œuvre poétique de Juvénal (en latin Decimus Junius Juvenalis), un poète satirique latin de la fin du Ier siècle et du début du IIe siècle. Citation tirée de la phrase « *Orandum est, ut sit mens sana in corpore sano* » traduit par « Il faut prier afin d'obtenir un esprit sain dans un corps sain ».

Le tout bien coordonné par la volonté.

« Notre corps est le temple de l'Esprit-Saint »[3],
Éloquente vérité de la sainte Bible.
Le sanctifier est donc le devoir du chrétien,
Par la prière et l'hygiène corporelle unies.
De tout notre être, l'Esprit-Saint est la boussole.
Il est le pilote, le gouvernail, le compas.
Il est le phare, le radar, la lampe, l'auréole.
Il est consolateur, conseiller, avocat.

Frappez à ma porte, ô mon ami, l'Esprit-Saint !
Je vous ouvrirai bien grands les battants de mon cœur.
Entrez, faîtes-en une demeure sans fin
Pour que nos deux vies fusent en un parfait bonheur.

---

[3] 1 Corinthiens 6 :19

Voilà pourquoi

Dans l'insignifiance de ma vie quotidienne,
Dans mon petit monde de déboires et de peines,
Dieu, dans sa volonté, m'a appelée à l'œuvre.
J'ai acquiescé du cœur, lui ai dit *oui* des lèvres.

Voilà pourquoi mon cœur veut s'épancher à tous.
Voilà pourquoi je ne puis fermer ma bouche.
Je veux dire avec foi qu'il a changé ma route.
Je veux dire avec joie qu'il a banni mes doutes.

Quelqu'un m'a demandé d'écrire n'importe quoi.
Je l'ai fait et nommé « *Jésus, sa petite histoire* ».
Je me sentais si gaie, si contente de moi
De voir tant de feuillets enlevés à la fois.

Dieu a été loué et il m'a bien bénie.
Je l'entends me parler de son timbre ravi.
Je sens répandre en moi son amour infini.
Et je le vois marcher devant moi comme un guide.

Pour chaque chose à faire, il m'inspire quoi faire.

Pour chaque chose à dire, il murmure quoi dire

Et à tous mes désirs il répond vite, si vite ...

Dans les moindres détails, il est là qui m'assiste.

Il me dit de parler de son enlèvement.

C'était bien de penser à cet évènement.

Je l'ai fait et nommé « *Rendez-vous dans les airs* ».

Qu'il puisse être chanté à travers l'univers !

Béni soit Dieu, Dieu d'Israël et de Jacob.

Béni soit Jésus-Christ, notre ami, notre frère.

Béni soit le Saint-Esprit, le leader de toujours.

Soyons tous bénis dans leur trinité d'amour.

Alléluia, Amen, Alléluia, Amen !

Merci, ô mon Jésus. Merci, ô mon Jésus !

Jésus, sa petite histoire

Comme une eau pure et fraîche, un bouton de rosée,
Comme un bel arc-en-ciel aux couleurs étalées,
Comme une pluie sereine, un vent doux et léger,
Jésus, l'espoir du monde, apparut en Judée.

Jésus, l'Emmanuel, incarna le message
De l'étoile fidèle conduisant les Rois Mages,
De l'Agneau immortel fait selon notre image,
Du Sauveur personnel prédit de tous les âges.

Roi du grand univers, il descendit vers nous.
Marie, sa Vierge Mère, le porta en ces jours.
D'une crèche ordinaire dressa son humble couche
Tandis que ciel et terre le louaient à genoux.

D'un père charpentier il apprit le métier.
Par de-là la cité rayonna sa bonté.
Paré de sainteté, il n'eut point de péché.
Il grandit en piété, sagesse et vérité.

Révolus ses trente ans, il se mit en chemin
Afin d'entreprendre l'œuvre de son destin.
À qui voulait l'entendre, il enseigna le bien
Et aux simples d'esprit, le royaume divin.

Et sans cesse, il courut toujours à son boulot.
À tous ceux qui ont cru, il ôta leur fardeau.
À tous ceux qui l'ont voulu, il guérit tous leurs maux
Ne serait-ce, s'ils ont pu, qu'en touchant son manteau.

Il fit de grands prodiges au sein de ses Apôtres
Et il les instruisit usant ses paraboles.
Mais l'un deux le trahit : ce Judas l'Iscariote
Qui mit fin à sa vie, peu après son opprobre.

Jésus bien qu'innocent, fut cloué sur la croix.
Les Juifs le condamnant pour être « Roi des rois ».
Il souffrit vivement tout en gardant sa foi.
Il versa tout son sang sur ces pièces de bois.

Il expira alors pour gagner sa victoire
Et du séjour des morts il sortit pour sa gloire,

Rouvrant ainsi la porte à ceux qui veulent croire

En l'objet de sa mort et en sa belle histoire.

Rendez-vous dans les airs

Par ballons, rockets, spoutniks ou hélicoptères,
Par jets, navettes spatiales ou modules lunaires ?
Non, je m'élèverai, je m'envolerai
De la terre éloignée, sur mes pieds bien dressés.

Quel remous indicible à contempler le ciel,
Moelleusement assise en vol surnaturel
Et la gloire du Christ transfigurant mon corps
Qui, tout à fait blanchi, est pur et sain alors !

Venez ! Montons ensemble : Edèle, Valeene, Daniel,
Pascal, Marie-Ange, Serge, Géraldy, Bob, Claudette.
Dansons, réjouissons-nous, les parents, les amis.
Nos mains joignons-les tous, nous sommes tout près de
        lui.

Bonjour Grand-père, Grand-mère, vous semblez jeunes et
        forts !
Que de temps dans la grève avez-vous fait dès lors ?
Hello Pipine, Jean, Nounouche, vite, vite, allons-nous-en.

Jésus, dans son grand trône, impatient nous attend.

Oh ! Regardez Jésus qui vient dans les nuées,
Brillant, de blanc vêtu, avec couronne dorée.
A la bouche son épée, il est le Roi des rois
Qui doit juger la terre, la faire renaître à la fois.

Oh ! Monde malheureux, condamné surtout.
La colère de Dieu va y verser ses coupes.
Lune, étoiles, soleil changent, tombent ou pâlissent.
Mer, îles, rivières montent, bougent ou tarissent.

Tandis que l'Antéchrist confond les nations,
Les génies sataniques font l'abomination.
Chaque ange à trompette lance sa plaie à la terre :
Chevaux, scorpions, sauterelles, famine, orages, guerre.

Alors vient la finale, le grand Armaguédon :
Éclairs, tonnerre, orages, feu, séismes, explosions.
Et la guerre finie, Jésus a le laurier,
La victoire inouïe de sa grande épopée.

Hosanna ! Hosanna ! Crions dans les hauts-lieux.

Chantons Alléluia à Jésus, notre Dieu

Qui nous donne un domaine sous un nouveau ciel

Où jamais plus de peine, mais la joie éternelle.

Soyez aux aguets, soyez prêts, frères et sœurs.

Soyez prêts pour voler au rendez-vous de l'heure.

Aujourd'hui ou demain, sans frapper au linteau,

Jésus, c'est certain, va revenir bientôt.

Le bon berger

N'est-il pas celui-là qui aime ses brebis
D'un amour idéal, prêt à donner sa vie ?
De l'étroite entrée de sa chère bergerie
Il guette le danger sans craindre l'ennemi.

Tandis que ses moutons, blottis, dorment tranquilles.
Dans le calme profond il pense aux eaux limpides,
Aux verts pâturages frémissant sous la brise,
Au meilleur passage menant au sûr abri.

Tandis que l'aube vermeille éclipse la nuit,
Se lève le soleil à l'orée de l'infini.
Que le troupeau se lève en hélant, ahuri.
Le bon berger, allègre, inspecte ses brebis.

Le jour nait radieux dans les bras du soleil.
Il pousse un cri joyeux à la vie qui l'accueille.
Un matin gai et frais imprégnant tout son être
Du berger fait renaître le bonheur de paître.

Nous avons un Berger, c'est Jésus le meilleur,

Jésus le protecteur, Jésus le pourvoyeur.

Sentinelle aux aguets, gardien de notre cœur,

Jésus est à jamais notre seul défenseur.

Quand l'un de nous s'égare, il se lance à sa suite.

Et, serait-il très tard, il reste à sa poursuite.

Quand il le trouve enfin, sa voix le fait revivre.

Ce qu'il veut est bien simple : Il convient de le suivre.

Ecce Homo : Voici l'Homme

Oh ! Regardez Jésus sur sa croix suppliciante.

Voyez sur sa tête la couronne sanglante :

Tout autour, des rangées d'épines transperçantes.

Il a les yeux meurtris, tristes, couverts de sang.

Voyez comme il lutte, ne pouvant respirer.

À la recherche d'air, il semble suffoqué.

Sous le poids de son corps, ses poumons sont coincés.

Tout être crucifié est, en fait, asphyxié.

Ecce Homo : Voici l'Homme[4].

Poignets et pieds cloués, comment donc se mouvoir ?

Sans le moindre répit, il s'écrase sous son poids.

Voyez ses plaies béantes, il souffre de tous les maux.

Dans sa chair macérée de violents coups de fouets

À bouts durcis de métal tranchant comme des couperets

Effilochant son dos.

Exténué de grimper le mont de Golgotha,

---

[4] Évangile selon saint Jean 19:5

Déjà rendu sous le fardeau de la croix,

Au lieu d'un peu d'eau fraîche, du vinaigre on lui donna

Quand suant, altéré, il succombait de soif.

Extrême cruauté, qu'a-t-il donc à expier ?

Il fut arrêté, torturé et condamné.

Ils l'ont souffleté, lui ont craché au visage.

Un manteau, un sceptre pour le railler

Se moquer de lui : « *Salut, Jésus, Roi des Juifs !* »

Quel est son péché ?

Quel non-sens, quelle stupidité, quelle tristesse !

Hier, perché sur son âne, comme un roi il entrait

Sur des palmes et des fleurs à Jérusalem.

Aujourd'hui, chez Pilate, on crie : « Crucifiez-le ! »

Le dernier des bourreaux lui lance droit au cœur

Sa tragique lance, sans pitié, sans frayeur.

Son reste de sang et d'eau coule à flots sur l'heure.

Il meurt, pardonnant, entre les deux malfaiteurs.

Qui de nous est coupable ? Caïphe, Pilate, Judas,

Pierre, les deux larrons, la foule qui cria,

Ses amis, les Juifs, les Romains ou Barrabas,

Le Peuple de Dieu, ou nous-autres en général ?

Ecce Homo : Voici l'Homme.

Nous pouvons tous voir ces mots tracés sur sa croix.

Pour certains, Il fut un fou d'un genre spécial.

Pour d'autres, un roi vaincu avant même la bataille.

Pour nous, il est le Christ, le Dieu vivant et grand.

Cet homme, c'est Jésus cloué sur le gibet.

C'est le Fils de Dieu immolé pour nos forfaits.

C'est l'agneau sans tache sacrifié pour nos péchés.

Sa mort sublime est rédemption et liberté.

Jésus-Christ est ressuscité, alléluia !

Jérusalem, ô splendide cité !

Sion aux majestueux oliviers !

Es-tu prête à accueillir ton Dieu ?

Un Roi suprême descendra en ton lieu.

Sur tes hautes cimes, Il posera ses pieds.

Celui qui va venir, tu l'as vu naître

Humblement dans une modeste crèche.

Ronces et épines ont couronné sa tête.

Il souffrit amèrement dans son être.

Son sang à flots arrosa Golgotha.

Te souviens-tu, Pilate, où est sa croix ?

Est-ce toi, Israël, qui l'as fait mourir ?

Sa foi, son amour n'ont-ils pas suffi ?

Tes enfants le pleurent encore aujourd'hui.

Rayonnant comme un soleil levant

Et défiant les attaques du temps,

Son corps surgit du tombeau, bien vivant.

Sur les lieux, les deux Marie se trouvaient.

Un ange tout de blanc vêtu leur parlait :

« Sur la route fraîche de Galilée

C'est là, saintes femmes, que vous le verrez.

Il est glorieusement ressuscité. »

Toutes deux, alors, exhalaient leur joie

En bénissant Dieu d'une seule voix.

Allons donc dire à toutes les nations

La belle histoire de sa résurrection.

Les disciples éblouis l'ont vu monter.

Et nous le verrons de même arriver.

Louons-le pour son ineffable amour,

Unique objet d'un bonheur sans retour.

Il va venir glorieux dans la nue.

Alléluia, gloire soit à toi, Jésus !

Jésus est vivant

Jésus Christ est vivant. Il a toujours existé dans la Sainte Divine Trinité. Un beau jour, il est descendu sur la terre et s'est fait chair. Dans sa vie terrestre, il a vécu trente-trois ans pour accomplir son destin, puis il mourut. Il se rendit au séjour des morts et après trois jours, il ressuscita. Depuis, victorieux de la mort, Jésus-Christ est vivant. Depuis, il a repris sa condition de vie éternelle. Depuis, il est assis à la droite de son Père. Depuis, il a ôté la peine de mort qui fut notre sort. Et depuis, nous avons droit, nous aussi à l'héritage de la vie éternelle.

Quelle magnifique mission et quelle glorieuse victoire qu'est la mort de notre Seigneur Jésus-Christ ! Une fois pour toutes, sa mort nous a libérés, libérés de l'esclavage du péché, libérés de notre condition humaine.

Jésus-Christ n'est pas un mythe, un fantôme. Il est une personne bien vivante, réelle, une force agissante. Il est dans le jour qui se lève et se couche. Il est dans la lumière comme dans les ténèbres. Il est dans la rosée, la pluie, la grêle qui tombe. Il est dans le soleil et la neige. Il est dans le vent que nous ne pouvons voir ni toucher, que

nous ne savons d'où il vient ni où il va. Il est dans le firmament, dans les nuages qui bougent. Il est dans les étoiles, les satellites, sommes toutes, il est dans l'univers.

Mais il a sur terre une place préférée, un endroit où il se sent bien chez lui : **c'est dans notre cœur.** C'est dans ce temple autant charnel que spirituel qu'il prend plaisir à tenir logis. Y a-t-il un plus grand honneur que d'être un sanctuaire pour notre Seigneur Jésus ? Certes, nous ne le méritons pas mais il a décidé qu'il en soit ainsi. Avec sa victoire, n'est-ce pas qu'il a gagné le cœur de l'homme ?

Pour tant de faveurs reçues de l'Éternel que devons-nous faire pour mériter tant de sollicitudes, tant de grâce, tant d'amour ? Nous n'avons aucune dette. Il a payé comptant. Son sang versé sur le gibet de la croix est ce prix qu'il a payé pour nous, pour nos péchés, pour notre salut.

Tout ce qu'il demande c'est d'être reçu à cœur ouvert dans notre maison, c'est de vivre avec nous, chez nous. Tout ce qu'il nous demande c'est de nous abandonner complètement à lui, en toute confiance.

Tout me parait très simple, n'est-ce pas ? Mais c'est tout aussi compliqué. Nous lui donnons parfois tant de fil à retordre que ce fil bien souvent se casse. Il frappe à notre porte et nous refusons d'ouvrir. Il nous tend les bras et nous fuyons loin de lui. Il nous parle et nous n'écoutons pas. Il nous éclaire et nous préférons nous tapir dans l'obscurité.

Et quand tout est bien noir, et que nous nous sentons désespérés, au lieu de chercher son pardon dans le regret et le repentir, nous préférons nous laisser glisser sur la pente ténébreuse de nos idées sombres. Quels idiots nous sommes, quand nous rejetons ce salut qu'il nous offre gratuit, alors qu'il lui a coûté le sacrifice total de sa vie ?

Il a porté sa couronne d'épines, ses pieds et ses mains cloués, sa chair rabrouée à coups de fouets, son côté ouvert par la lance, des injures, de la honte, du ridicule, et même l'abandon de son bien-aimé Père quand le poids de tous les péchés du monde s'est abattu sur ses épaules, lui qui n'a jamais péché.

Que c'est triste de ne pas le reconnaitre ? Que c'est triste de lui tourner le dos quand il nous demande de le

suivre, nous qui sommes aujourd'hui le mets préféré des terroristes ! Nous qui jouons les derniers actes de la tragédie humaine !

Revenons à la source de vie, à notre Créateur. Écartons nos linceuls. Brisons nos caves spirituelles. Et en renaissant à une vie nouvelle, ressuscitons d'entre les morts, comme Jésus l'a fait un couple de millénaires tantôt. Ressuscitons aujourd'hui dans l'acceptation de sa passion, de sa mort, de sa résurrection, de même que dans la certitude de l'espérance de la vie éternelle.

Profil du nouveau millénaire

L'on a vu l'espace en de brillantes conquêtes

De super ordinateurs, de super logicielles,

De grands marchés mondiaux et leurs entrepreneurs,

D'énormes sociétés et leurs investisseurs.

L'on a aussi vécu les deux guerres mondiales,

Les bombes nucléaires avec Hiroshima,

Les ghettos suppliciés d'Hitler en Allemagne,

Les communications via satellites, radars ...

Que dire de la science et de ses grands experts

Dans leurs recherches et découvertes superbes !

Que dire du grand boum de la technologie

En mécanique, électronique, informatique !

Et comment oublier nos acteurs, nos leaders,

Nos explorateurs comme nos grands navigateurs.

Nos fameux professeurs, docteurs, prédicateurs

Et ajoutons enfin le superman de l'heure !

Oh ! Vingtième siècle ! La belle et géniale ère,

La conquérante, la séduisante et la fière,

Tu es cet extraordinaire centenaire

Qui fait l'apothéose d'un millénaire.

Mais par contre, au seuil du vingt-et-unième siècle

Nous voyons poindre, sans doute, une époque étrangère,

Un monde rétréci où le petit règne

Aux dépens de la science et de ses grands progrès.

Tout s'amenuise et se minimise.

Tout perd de volume ou perd de superficie.

Tout vise à l'idéal de la menue fourmi.

Notre monde serait-il donc à court d'espace ?

Pour notre race aurait-il si peu de place

Que nos utilités et nos objets d'usage

Doivent passer au rapetissement et au limage.

Nous voyons grandir sur toutes les latitudes

Des manufactures de pièces à miniature,

Des arbres ou bêtes de petite envergure

Paraissant si courts ou si petits à la vue.

Voitures d'aujourd'hui, elles sont des jouets.

Quant à nos livres, ils remplissent une pochette.

Nous réduisons nos poids, diminuons notre diète.

Nous voulons peu d'enfants pour avoir peu de peine.

La loi de la facilité est en vigueur

Et la loi du plus petit devient la meilleure.

Si tout autour de nous diminue de grandeur,

Il nous faut tirer cette leçon de bonne heure.

Comme les jours, les années, les siècles s'en vont,

Tout droit vers notre destinée nous marchons.

Pas à pas vers l'éternité nous avançons

Pour atteindre un beau jour la fin du marathon.

Si pour nous tous la terre est trop petite,

Nous devons être prêts à toucher l'autre rive,

Celle qui s'ouvre sur l'horizon infini,

L'infini de nos vœux, l'infini de la vie.

Gens de l'an 2000, à l'orée du prochain siècle,

Épousons aujourd'hui la tendance nouvelle.

Faisons-nous tous petits devant le Dieu du ciel

Pour enfin accéder au séjour éternel.

À bord du « canter »

Comme des réfugiés tassés dans un canot,

Nous voguons sur les flots d'un autre millénaire,

En proie aux saccades des vagues en furie,

Aux méfaits désastreux de mille et un hasards.

Qui, au cours de la nuit, se reposant un peu

Assis, tout seul, sous le tronc d'un arbre étoilé,

Rêvant de la terre en gala de claire de lune

Mais rouvrant les yeux se verrait sur une mer rageuse ?

Comme des réfugiés tassés sur une barque,

Nous voguons sur les flots d'un nouveau millénaire

Mais, pour arriver où ? Sait-on bien où l'on va ?

Et pour obtenir quoi ? Et vraiment pour quoi faire ?

Comme à bord d'un *canter*, on scrute l'horizon

Déployant ses voiles vers des rives lointaines

A la convoitise d'une vie meilleure,

Là où l'on voit l'argent luire dans les poubelles.

Mais si ce rêve, un jour, se fait réalité

L'on travaille toujours, sans cesse, d'arrache-pied

Pour assouvir la soif de ses mondains désirs
Mais découvrir enfin que l'on n'a rien gagné.

Comme des réfugiés tassés dans une barque,
Nous voguons sur les flots d'un nouveau millénaire
Mais pour arriver où ? Sait-on bien où l'on va ?
Et pour obtenir quoi ? Et vraiment pour quoi faire ?
Même quand on se nommerait Elian Gonzales
Qui semblerait trouver le bonnet de l'arc-en-ciel,
Pour tant de faveurs reçues de l'Éternel,
Toute peine est perdue si l'on ne sait où l'on va
Et l'on est bien fichu, si l'on ne cherche rien.

Le vrai chemin à prendre, c'est celui du Seigneur
Où l'on cueille, en passant, son amour et sa grâce.
C'est le sentier du Ciel, tout émaillé d'espoir.

Comme des réfugiés tassés dans une barque,
Nous voguons sur les flots d'un nouveau millénaire
Mais pour arriver où ? Sait-on bien où l'on va ?
Et pour obtenir quoi ? Et vraiment, pour quoi faire ?

Maintenant l'on sait bien où l'on choisit d'aller.

L'on peut donc s'embarquer dans ce tout nouveau siècle.

Qu'il vente ou qu'il pleuve, l'on sera à l'abri.

Qu'il tonne, qu'il gronde, l'on sera toujours quiet.

Qu'il grêle ou qu'il tremble, l'on sera à couvert.

Tous les jours à venir, l'on est assuré.

Mais s'il fait naufrage, le *canter* de la vie,

C'est alors le *One Way* pour aller vers son Dieu.

Comme des réfugiés tassés dans une barque,

Nous voguons sur les flots d'un nouveau millénaire.

Mais aujourd'hui, prenons le *canter* de la foi

Qui nous emmènera vers la cité céleste.

Des ballons d'espoir

Réflexions pour un mémorial

Le passé, le présent se donnent la main pour s'entendre au sujet de l'avenir pour dire que tout n'est pas fini. En effet, on peut encore sourire en voyant monter vers le ciel des ballons remplis d'hydrogène que nous voulons appeler des ballons d'espoir — ce qui arrivera pour nous dans une perspective eschatologique de la prophétie du retour en gloire de notre Seigneur Jésus-Christ par la voie des nuées, dans le cortège select et imposant de la totalité des habitants de la demeure céleste.

Cela nous soulage à l'idée de croire qu'à l'instar de ces ballons d'espoir que nous voyons escalader les hauteurs avec nos têtes bien relevées pour les regarder, nous verrons nos bien-aimés surgir de leurs sépulcres en pleine et due forme, rajeunis, transformés pour aller à la rencontre du Roi des rois, du Seigneur des seigneurs nous attendant dans les hauteurs haussées des éclatantes nuées. Nous sommes certains que les joyeuses retrouvailles sont pour bientôt car Jésus revient bientôt. La manifestation de

cette promesse certaine et véritable qu'est le retour glorieux de notre Seigneur Jésus-Christ, c'est ce que théologiquement on appelle la Parousie, l'événement qui nous mettra en face de tous ceux qui dormaient et qui se sont réveillés.

À la voix de l'Archange, aux sons des trompettes, les tombes s'ouvriront pour libérer les captifs, les morts en Christ, bien-entendu. De leurs saintes dépouilles, il renaitra un corps régénéré aux attributs célestes et se mêleront au restant des vivants vainqueurs de la grande tribulation, transfigurés eux aussi pour voler dans les airs vers une même destinée éternelle. Le gouvernement céleste en son entier sera au rendez-vous : le Père, le Fils, les séraphins, les chérubins, les vingt-quatre vieillards, les quatre êtres vivants, et les anges en myriades et myriades dans une ambiance de splendeur et de gloire inouïes, jamais vues, entendues, ou vécues auparavant.

Comme des biches assoiffées à la recherche d'un courant d'eau pour se désaltérer, courons vers la source de cette promesse véritable qui ne va pas tarder à devenir une indicible réalité. Buvons goutte à goutte l'eau vivifiante combien salvatrice de cette espérance émanée de la parole

de Dieu à laquelle nous obéissons par la foi, et dont il est l'auteur et l'inspirateur. N'est-il pas dit en effet dans les Saintes Écritures, pour nous convaincre, que le ciel et la terre passeront mais que ses paroles ne passeront point ?

Comme des ballons gonflés d'anniversaire, liés en de nombreux bouquets légers effusant droit dans l'espace allant toujours plus haut, élevons nos cœurs, nos pensées, tout notre être vers l'aboutissement de cet objectif, visant la concrétisation de la promesse d'une vie qui ne finira plus et à laquelle ne s'attachent point de chagrin, ni douleurs, ni pleurs, ni peur, ni soucis, ni anxiété, ni deuil, ni aucune privation.

Pour cultiver et faire grandir intact cette plantule d'espérance au fond de nos cœurs, puisons à la source, dans le livre de cette édifiante promesse la Bible, les éléments nutritifs, solides, à travers des versets propres à régénérer, à raffermir, et à soutenir notre foi en faisant bien sienne cette promesse. S'approvisionner de cette dernière veut dire se l'intégrer comme faisant partie de soi-même, c'est la cristalliser à travers de nombreux aspects de sa personnalité reflétant sa vie quotidienne.

En effet si nous voulons revoir nos amis, nos parents, nos bien-aimés disparus, il nous faut nécessairement remplir les conditions requises à l'accomplissement de cet idéal de vie éternelle. La condition sine qua non entre toutes, c'est l'amour, cet amour du Père qui a fait don du Fils pour que nous soyons libérés de la sentence de mort qu'a entrainée le péché de nos premiers parents. C'est l'amour du Fils qui a obéi à son Père, qui a bu sans faillir le calice d'amertume jusqu'à la lie, c'est à dire jusqu'à la mort sur la croix.

Mais que devons-nous faire, nous qui sommes des bénéficiaires immérités de ce sublime sacrifice ? C'est de répondre naturellement par l'amour, cet amour que nous lui devons pour cet ineffable bienfait. N'a-t-il pas dit : « si vous m'aimez, gardez mes commandements[5] » ? C'est d'ici la réponse concrète de l'amour que nous devons lui témoigner. N'a-t-il pas encore dit : « Aimez-vous les uns les autres comme je vous ai aimés[6] » ? Cette deuxième condition n'est pas moindre que la première. Elle implique l'amour dans ses deux directions verticales et horizontales.

---

[5] Jean 14 :15
[6] Jean 13 :34

L'amour vertical, nous dirions, c'est l'amour du Père pour le Fils et l'amour du Fils pour l'homme pécheur. L'amour du prochain, l'amour horizontal, c'est l'amour que nous nous devons l'un à l'autre avec au centre Jésus comme modèle créateur et auteur de tout bien. Pour mieux comprendre cette pensée, illustrons-la par une croix en traçant une verticale et une horizontale avec Jésus au point de convergence. Au sommet de la verticale nous trouvons Dieu le Père et la base nous trouvons le pécheur. Aux deux extrémités, à gauche et à droite de l'horizontale, nous trouvons l'homme, efforçant d'atteindre l'autre et de le rencontrer en passant par l'amour de celui qui a donné sa vie pour nous sauver de la malédiction du péché de la mort. Cet amour agirait en se déplaçant de haut en bas et de bas en haut, de gauche à droite et de droite à gauche, en passant par le personnage central, Jésus qui demeure l'unique dispensateur de vie et d'amour.

Mais comment aimer Dieu et le prochain si ce n'est qu'au travers des dix commandements écrits dans la bible ? Lisons dans Exode 20 cette loi universelle et immuable d'amour :

« Je suis l'Éternel, ton Dieu, qui t'ai fait sortir du pays d'Égypte, de la maison de servitude.

Tu n'auras pas d'autres dieux devant ma face.

Tu ne te feras point d'image taillée, ni de représentation quelconque des choses qui sont en haut dans les cieux, qui sont en bas sur la terre, et qui sont dans les eaux plus bas que la terre.

Tu ne te prosterneras point devant elles, et tu ne les serviras point; car moi, l'Éternel, ton Dieu, je suis un Dieu jaloux, qui punis l'iniquité des pères sur les enfants jusqu'à la troisième et la quatrième génération de ceux qui me haïssent,

et qui fais miséricorde jusqu'en mille générations à ceux qui m'aiment et qui gardent mes commandements.

Tu ne prendras point le nom de l'Éternel, ton Dieu, en vain; car l'Éternel ne laissera point impuni celui qui prendra son nom en vain.

Souviens-toi du jour du repos, pour le sanctifier. Tu travailleras six jours, et tu feras tout ton ouvrage.

Mais le septième jour est le jour du repos de l'Éternel, ton Dieu: tu ne feras aucun ouvrage, ni toi, ni ton fils, ni ta fille, ni ton serviteur, ni ta servante, ni ton bétail, ni l'étranger qui est dans tes portes.

Car en six jours l'Éternel a fait les cieux, la terre et la mer, et tout ce qui y est contenu, et il s'est reposé le septième jour: c'est pourquoi l'Éternel a béni le jour du repos et l'a sanctifié.

Honore ton père et ta mère, afin que tes jours se prolongent dans le pays que l'Éternel, ton Dieu, te donne.

Tu ne tueras point.

Tu ne commettras point d'adultère.

Tu ne déroberas point.

Tu ne porteras point de faux témoignage contre ton prochain.

Tu ne convoiteras point la maison de ton prochain; tu ne convoiteras point la femme de ton prochain, ni son serviteur, ni sa servante, ni son bœuf, ni son âne, ni aucune chose qui appartienne à ton prochain. »[7]

Voilà donc au complet cette loi d'amour. Que devons-nous faire puisqu'elle conditionne notre salut ? Au retour du Christ, la possibilité de revoir nos bien-aimés disparus qui se sont reposés dans la mort et qui sont prêts à revivre, ressuscités. Appliquer cette loi, c'est essayer de rattraper le temps perdu par insouciance, ignorance,

---

[7] *Bible : Exode 20 :2-17.* Version Louis Segond, 1910.

tradition, rébellion, en faisant des bouchées doubles de lecture, de méditation, de prière, de supplication, de jeûne, d'abstinence, de pardon et concession.

C'est le temps d'additionner les bonnes œuvres dans notre agenda, de réviser et de parfaire nos devoirs envers Dieu, envers le prochain sur une base religieuse familiale, sociale, ou sur une base personnelle engageant l'être tout entier, le corps, l'âme et l'esprit. C'est le temps d'évaluer nos efforts, à changer de caractère, de comportement, d'habitude, à freiner nos reflexes, nos sentiments, nos impulsions, à combattre notre égocentrisme au bénéfice de l'altruisme ; à nous abandonner complètement à Dieu et à nous soumettre sans réticence aucune à sa divine loi.

Le temps presse. Les événements se précipitent. Les prophéties se réalisent. Le retour du Sauveur est imminent. Redoublons de courage pour aller jusqu'au bout. Efforçons-nous de remporter la victoire sur les ennemis de nos âmes par l'utilisation des armes de la foi. Allons à la découverte de l'autre. Recherchons la sanctification qui, une fois acquise et agissante, modifiera notre raison et manière d'être tout entière : de penser, de

parler, de nous habiller, de manger, de boire, de marcher, de prendre nos loisirs, de choisir nos amis, notre conjoint, etc. Cherchons à éliminer le vieil homme en nous incitant à devenir meilleurs. Soyons prêts à soutenir nos efforts sans nous laisser décourager par les habiles manœuvres du malin désirant à tout prix nous perdre. Exerçons surtout nos talents qui meurent sans se transmettre à d'autres si nous ne les mettons au service de la famille, de la communauté dans laquelle nous vivons. Recherchons à tout prix la vérité qui libère. Dieu n'a-t-il pas déclaré par la bouche du prophète Osée : « Mon peuple périt, faute de connaissance[8] » ? Devenons un flambeau, un témoin, un exemple vivant dans un souci continu d'évangélisation pour transmettre aux autres la Bonne Nouvelle du salut et du retour en gloire de notre Seigneur Jésus-Christ.

Pour finir, soyons convaincus qu'aimer, c'est se donner, sympathiser. C'est empatir, assister, aider. C'est également pardonner, oublier, repartir à zéro. Aimer Dieu c'est lui obéir, l'adorer, le louer, l'honorer, le psalmodier, l'exalter. C'est se soumettre, s'abandonner à lui. C'est s'humilier devant sa Majesté. C'est le chercher, le trouver,

---

[8] Osée 4 :6

le suivre, l'imiter. Chers amis, aimer Dieu et vos prochains implique tout cela.

Faisons maintenant rebondir nos ballons d'espoir qui sont super-gonflés de tous nos espoirs, nos projets, nos désirs. Faisons-en des bouquets qui, réunis, formeront un arc-en-ciel d'espoir à bord duquel chacun ici présent peut s'offrir un siège pour la grande envolée des joyeuses retrouvailles à destination du glorieux banquet des noces de l'Agneau. Que ce sera beau de nous retrouver ensemble, parents et amis, avec Jésus notre divin Sauveur, notre Roi et Seigneur donnant à chacun une place à la grande table dressée en notre honneur, en récompense de tous nos efforts consentis afin de voir de nos yeux éblouis la concrétisation de ce rêve inouï, de cette glorieuse espérance. Tout comme un tison qui dort dans sa cendre en attendant d'être vivant, rayonnant, pétillant, les morts en Christ dorment paisiblement dans la poussière de l'espoir, dans le tumulte et l'adversité de la vie quotidienne. Nous les vivants, nous peinons en attendant le jour sûr de la parousie glorieuse pour renaitre et revivre à jamais dans le cadre des béatitudes éternelles. Méditons

pour finir quelques vers tirés de la chanson « *Qui sont ces gens* » :

Qui sont ces gens aux radieux visages,
Qui par de-là les flots tumultueux,
Je vois là-bas sur le rivage
S'assembler pour monter aux cieux ?

Des palmes à la main et couronnés de gloire,
Ils vont chantant le cantique nouveau.
Heureux qui, par la foi, remportent la victoire,
Lavés dans le sang de l'Agneau.[9]

Tels sont des mots qui rendent tangibles le contour de cette espérance que nous caressons et qui se présente à nos yeux comme des ballons d'espoir.

---

[9] *Hymnes de louanges : Numéro 410*

Êtes-vous prêts ?

Êtes-vous prêts à défier le Grand Moissonneur,
Le puissant Roi des rois et Seigneur des seigneurs ?
Ne tremblerez-vous pas devant ses yeux brûlants
Et devant son épée à deux faces tranchantes ?

Êtes-vous prêts ?
Êtes-vous prêts : les assassins, les menteurs,
Tous les immoraux, adultères et voleurs ?
Êtes-vous prêts : méchants, injustes, hypocrites,
Magiciens, idolâtres, pervers, endurcis ?

Pourrez-vous supporter ?
Pourrez-vous supporter l'éclat de la couronne ;
L'éclat des étoiles qui de sa main rayonnent ;
Les taches vives de sang sur son linge blanc ;
Et sur sa poitrine son écharpe luisant ?

Êtes-vous prêts, incrédules ?
Sitôt la moisson prête, vous verrez le Maître.
Il vient pour vous : athées, incroyants, et traîtres.

Il vient pour vous juger de vos hideux péchés
Et lâcher sur vous tous sa colère irritée.

Aimeriez-vous

Être tourmentés jour après jour et sans trêve ;

Être dévorés par des milliers de sauterelles ;

Être terrifiés sous des salves de tonnerre ;

Et secoués à mort par les tremblements de terre ?

Où irez-vous ?

Irez-vous çà et là pour trouver une cave

Telle une crevasse au tréfonds de la montagne ?

Mais qui trouvera les moyens de s'échapper ?

Même la mort, sur demande, vous sera refusée.

Soyez prêts.

Soyez prêts à gémir, pécheurs impénitents.

Vous aurez faim et soif dans ce déferlement.

Soyez prêts à boire du sang en guise d'eau,

À pleurer, grincer des dents et crier tout haut :

Nous sommes prêts.

Nous sommes prêts, nous, les disciples du Christ,

Contre le *666* pour la terrible offensive,

Contre tous les fans et adeptes de la *Bête,*

De même que le *Dragon* et le *Faux Prophète.*

Nous sommes prêts.

Nous sommes d'emblée prêts à combattre pour Dieu

Qui veut que nous soyons des soldats courageux.

Ainsi, notre front n'aura point été marqué.

L'immonde image ne sera guère adorée.

Nous sommes prêts.

Nous sommes prêts à surmonter notre faiblesse ;

Prêts à porter le nom de Jésus en liesse.

Nous marcherons et lutterons tous par la foi

Puisque nous Le suivrons, sans arrêt, pas à pas.

Nous sommes prêts :

Pour le compte à rebours et la venue du Christ.

Que sa volonté soit faite car il est écrit :

Nos yeux verront le Roi dans la cité céleste

Où paix, joie, santé, bonheur seront éternels.

Apocalypse

Que dire aujourd'hui de notre monde en furie ?

Guerres, conflits divisent races et pays.

Il crépite de la mitraille en Israël et en Palestine

Où tombent des rafales d'obus sans merci.

Il rime en horreur des divergences ethniques.

Il advient partout des évènements tragiques.

Apocalypse, Apocalypse, veux-tu nous dire

Pourquoi, de partout, les hommes s'entre-déchirent ?

Ne sont-ils pas frères ? Dans la haine ils s'enlisent.

Querelles, affrontements attisent les crises.

Possédés du démon de la suprématie,

Les grands pays sombrent dans la démagogie.

Apocalypse, Apocalypse, voici tes signes :

Passions effrénées, division des familles,

Pollution, inondations, incendies, séismes,

Étranges maladies, vagues d'épidémies,

Injustice, égoïsme, avarice, magie.

Les vertus, la morale, vouées au mépris.

Apocalypse, Apocalypse, quelle heure est-il ?

Avons-nous atteint le seuil du monde à venir ?

Bientôt vous entendrez les trompettes retentir

Et dans la nue, tout œil verra le Christ venir.

Amis qui écoutez, voulez-vous l'accueillir ?

L'horloge du temps égrène le repentir.

Jésus vous tend les bras, il veut vous affranchir.

11 Septembre 2001, une tragédie ... Un réveil

L'enfer s'est déchainé et les loups courroucés.

Le ciel est fumant, l'air brulant, le sol vibrant.

Le *World Trade Center* dressé en deux bâtiments,

Symbole de puissance et de gloire,

L'espace d'un instant s'est anéanti,

Y compris les avions, l'imposant Pentagone.

Tout cela s'est sombré, ravagés par le feu.

Des gens d'affaires, travailleurs et voyageurs

Ainsi que des sauveteurs, pompiers et policiers,

Tous furent carbonisés ou écrabouillés.

Ils étaient par milliers et peu de rescapés :

Tel fut le cynique tableau du 11 Septembre.

Un acte terroriste tramé par des *hijackers*

Laissant New York et les États-Unis en pleurs.

O monde tourmenté ! O monde condamné !

Pierre sur pierre il est écrit ne restera.

En voici un début de l'accomplissement.

Un géant est frappé, un puissant est blessé,

Et dans son cœur et dans celui de ses enfants.

Ainsi l'on gémit, l'on se lamente, l'on prie

Et l'on reconnait qu'il existe un Tout-Puissant.

Quelle heure est-il alors à l'horloge du temps ?

Tout un chacun devrait le voir et le savoir.

Quand les nuages s'amoncellent, il vient la pluie.

Quand les arbres se dénudent il vient, certes, l'hiver.

Quand le soleil se couche, il arrive la nuit.

Et quand ce monde va finir il y a des signes.

On les voit dans la Bible, la Parole de Dieu.

N'est-il pas écrit dans les Saintes Écritures

« Le ciel et la terre passeront.

Mais mes paroles ne passeront pas[10] » ?

À grande allure nous avançons vers la fin.

Cette tragédie du temps est comme un réveil.

Un réveil au changement, à la repentance.

L'heure est propice à l'amour et à l'unité.

Pourquoi ne pas la saisir et en profiter ?

---

[10] Mathieu 24 :35

Le temps s'en va, court et vole.

Attrapons-le bien vite.

Soyons donc prêts à nous embarquer à son bord

À destination de l'éternel au-delà.

Ce voyage semble être pour bientôt,

Il est ultime. Nous devons y penser

Et surtout être prêts.

Le temps d'après

On dit toujours : « Après la pluie c'est le beau temps ». Je veux croire en cet adage, du moins j'espère. Il est vrai que tout nuage a ses franges d'or. Bonheur et malheur le plus souvent s'entrechoquent. Vivre et mourir c'est comme une monnaie à deux faces car la mort suit la vie et vice versa. La vie elle-même est tissée de contrastes :

« Il y a un temps pour rire, un temps pour gémir.

Un temps pour se lever, un temps pour se coucher.

Un temps pour amasser, un temps pour partager.

Un temps pour unir, un temps pour désunir.

Un temps pour construire, un temps pour démolir.

Un temps pour gagner, un temps pour perdre.

Un temps pour aimer, un temps pour haïr.

Un temps pour naître, un temps pour mourir.

Un temps pour planter, un temps pour récolter.

Un temps pour parler, un temps pour se taire.

Un temps pour rire, un temps pour pleurer.

Un temps pour la paix, un temps pour la guerre. »[11]

Mais qu'en est-il du temps d'après 11 septembre 2001 ?

Pensez à cette loi inéluctable : *Tout est relatif. Tout lasse, tout casse, et tout passe.*

Essuyez vos larmes.

Accrochez un sourire à votre visage.

Tâchez d'éliminer les nombreuses séquelles

En luttant sans arrêt, te défendant contre elles

Avec courage et persévérance.

La peur et l'anxiété nées de l'insécurité :

Voilà deux ennemis que vous devez chasser.

Prenez courage et regardez la vie en face.

Remettez-vous au bouleau tout en tournant la page.

A la nouvelle conjoncture adaptez-vous.

Pratiquez la prudence et la maitrise de soi.

Aux diverses rumeurs faites la sourde oreille

Mais prêtez attention aux crédibles nouvelles.

---

[11] Ecclésiaste 3 : 1-11

Aimez Dieu et vos proches de toutes vos forces.

Assistez, encouragez, donnez : bref, faites le bien.

Lisez souvent la Bible et méditez ses mots.

Après tout cela, la vie continue. Elle va comme elle vient.

Baptême de vérité

Qui pourrait décrire l'émotion si profonde
Pure, vive, incomparable à nulle autre au monde,
Qu'en cet instant unique et merveilleux j'éprouve
Sur le point de m'unir à mon Divin Époux ?

Mon cœur en son entier est habillé de rose.
Mon âme et mon esprit sur leurs talons se haussent
Afin d'être bien prêts pour le baiser nuptial,
Le doux baiser de paix et d'amour idéal.

Que n'étais-je épousée plus tôt, mon tendre amour !
Que n'étais-je rencontrée, connue depuis toujours !
Me pardonneras-tu tout ce long temps passé
Sans avoir jamais pu saisir ta vérité ?

En scellant notre alliance tu dis simplement « oui ».
Moi, l'élue, tu me prends telle que je suis.
Pourtant je t'aime aussi, vois-tu, mon doux Jésus ?
Mais t'aimer comme tu m'aimes je ne l'ai jamais su.

Aujourd'hui prends mon cœur, aujourd'hui prends ma vie.

Que je sois à toi, tous les jours à l'infini.

Donne-moi à manger à ton banquet garni

Et donne-moi à boire à ta source de vie.

Maman

Te voilà, en ce jour, dans ce gai restaurant
Grande et souveraine dans tes quatre-vingts ans
Dans ce moelleux fauteuil, tout près de tes enfants
Tous joyeux de chanter : « *Happy birthday, Maman* ».

Dans ta robe blanche, tu es encore jolie
Et, sous l'auréole de tes cheveux blanchis,
Tu ressembles à une mariée sous son voile garni
Souriant au bonheur, rêvant à l'infini.

Toute radieuse quand tu chantes bien haut
Cet air : « *La sérénade près de Mexico* »
Et aussi : « *Là-haut, sur la colline aux oiseaux* »,
Le trémolo de ta voix fait encore écho.

Aujourd'hui tu chantes, mais tu chantes tout bas :
« *Le Seigneur a fait des merveilles, alléluia* ».
Ta force, ta vigueur s'éloignent de toi
Mais qui pourrait ôter ta piété et ta foi ?

Ta vie, quel sacrifice, ô admirable mère !

Beauté, joie, jeunesse, rêves et désirs très chers,

Tous sont anéantis, éparpillés en l'air,

Transportés par le vent, mêlés clans la poussière.

Et comment oublier tant de nuits sans sommeil

À tailler, à coudre, jusqu'à l'heure du réveil ?

Comment donc oublier ces monstrueux écueils

Qui inlassablement frappaient à notre seuil ?

Nous voici aujourd'hui, grands et petits enfants

Voulant de tes bienfaits faire un très pur encens,

Une gerbe de fleurs ou un parfum d'antan

Pour te dire : *« Merci et bonne fête, Maman »*.

Monologue de Maman

Connais-tu le mot le plus facile,
Le mot miracle du tout-petit ?
C'est moi, *Maman*, le mot le plus tendre,
Le plus beau, le plus doux à entendre.

Lorsqu'un enfant m'appelle *maman,*
En mon cœur j'entends la résonnance
De cette ritournelle : *man, man.*
J'ai le cœur en gaieté à outrance
Comme une fleur des champs en cadence
Dans la douce symphonie du vent,
Comme une lune en magnificence
Dans un ciel d'étoiles scintillant.

Maman, maman, un mot merveilleux.
Tous, petits et grands, riches et gueux,
De son sens spécial sont convaincus
Chez nous, où la subsistance est rude.

Par là, je veux dire avoir du courage.

Je veux dire engager la bataille.

Remède que je suis, je soulage

Plus vite qu'un *bain de feuillage*.

Je revigore mieux qu'un potage.

Je fais tout ce que font les mots en « -age » :

Lavage, repassage, ménage ...

Sans omettre le fait d'être sage.

Maman, maman ! Quel mot magnifique

Allant de pair avec *magnanime* !

Porterais-je mille et un fardeaux

Qu'encore, j'en prendrais de nouveaux.

Y aurait-il deux êtres pareils ?

Non ! de ce monde que je connaisse ...

Serais-je brute, nerveuse ou sévère ?

Serais-je acariâtre, autoritaire ?

Je suis celle qui aime à souhait.

Toujours, spontanément, je partage

Et les fous rires des temps de fête

Et les pleurs brûlants des moments aigres.

Maman, maman, maman, man ... man ... man

Quelle joie, parce que je suis là !

Maman, maman, maman, man ... man ... man

Quel grand regret quand je ne suis plus là !

Maman, maman, maman, man... man... man

Je dis donc : « *Bonne fête des Mères* ».

Noël, c'est quoi ?

L'euphorie, la gaité, la joie traditionnelle
À la saison exceptionnelle de Noël.

Le branle-bas, la ribambelle et la mêlée
Le long des devantures et des rues encombrées.

Le gai sapin frétillant et étincelant
Dans sa parure de fête, aux couleurs éclatantes.

Le monticule de cadeaux pour tous les âges
Devant la crèche ou au pied de l'arbre.

La gastronomie autour des tables garnies
Où mangent, boivent à satiété, parents et amis.

La venue légendaire du Père Noël
Botté et chargé de joujoux venant du ciel.

Les nombreux réveillons tenus dans les familles
Qui font sortir les gens par milliers dans la nuit.

Bon manje lakay : diri kole, tasso kabrit
Bouyon, poul, bannan-n fri, kaladja tout lan nwit.

Que de diversités, de couleurs et d'aspects !
Que d'ardeur, d'énergie, de génie qu'on y met !
Qui pourrait dire ou décrire tous les plaisirs

Que la fête de Noël inspire ?

Toutefois, l'essentiel est souvent oublié,

Le vrai sens de la célébration ignoré.

Qu'as-tu fait de ce jour béni d'un Dieu d'amour ?

Le Messie venu pour souffrir et mourir pour nous ?

Ce jour qui a rendu la joie et la paix :

Deux sources vives et intarissables de bien-être.

As-tu pensé aux malades ou aux prisonniers,

Au parent ou à l'ami en difficulté ?

As-tu donné à celui qui peinait ?

Le petit Jésus qui vit le jour en Judée

Est aujourd'hui vieux de plus de deux mille années.

Il eut une vie modeste, humble, sacrifiée.

Prend-il plaisir à ces façons d'être honoré ?

Maintenant, glorieux, il est le Roi des rois

Qui avait vécu pour nous la mort sur la croix.

Il est bien assis à la droite de son Père.

Il reviendra bientôt paraissant dans les airs

Pour prendre avec lui les fidèles qui le servaient

Tandis qu'il condamnera ceux qui le niaient.

De son sermon sur la montagne, souviens-toi

Si tu veux de la Noël connaitre les joies.

Noël c'est naître de nouveau chaque matin

Dans un esprit d'amour pour Dieu et son prochain.

Noël c'est pas un temps, une saison, un jour.

Noël, c'est quoi ? C'est l'amour qui chante toujours.

Noël multicolore

Noël rouge des enfants choyés aux gais joujoux.

Noël jaune des enfants de la rue, sans un sou.

Noël bleu des cœurs qui aiment et qui sont aimés.

Noël gris des malades et des abandonnés.

Noël blanc des pays riches au bon goût de miel.

Noël noir de chez nous à l'âcre goût de fiel.

Noël vert de ceux qui fondent leur espoir en Christ.

Noël violet des incroyants aux destins tristes.

Grands et petits, riches et pauvres,

Que l'amour dans un doux cœur à cœur

Nous unisse pour toujours.

Il y a de l'espoir pour chacun

Il y a de l'espoir pour chacun.

Tu ne vois rien du tout, il y a de l'espoir.

Tu ne peux dire un mot, il y a de l'espoir.

Tu ne peux pas bouger, il y a de l'espoir.

Tu ne peux rien entendre, il y a de l'espoir.

Car tu as ton esprit qui t'aide à réfléchir.

Tu as aussi ton cœur

Qui aspire au bonheur.

Il y a de l'espoir pour chacun.

Souffres-tu de cancer

Ou as-tu l'Alzheimer ?

Aurais-tu le SIDA,

Le P'tit ou le Grand Mal ?

Tu es vieux, tu vis seul

Comme dans un linceul ?

Tu es un prisonnier

Pour toujours condamné ?

Il y a de l'espoir pour chacun.

Tes maux vont tous finir.

Bientôt tu seras libre,

Loin de toute laideur,

Loin de toute frayeur.

Es-tu pauvre à mendier ?

N'as-tu où demeurer ?

Tiens ferme, car demain

Le monde t'appartient.

Il y a de l'espoir pour chacun.

Tu te dis : comment donc ?

Tu attends la réponse.

Aie Jésus dans ta vie.

Choisis-le aujourd'hui.

Il est l'espoir, le Sauveur.

Il est le Pourvoyeur.

Il donne joie et paix.

Il guérit et libère.

Christ est le seul espoir.

Compte ses bienfaits.

Bénis-le sans arrêt

Pour ce que nous avons

Et ce que nous manquons.

Pense que Jésus t'aime

À se donner lui-même.

Il est ton holocauste

Et tu es son joyau.

Jésus, notre espoir, vient.

Rouvre tes yeux et vois.

Regarde autour de toi.

Sois vaillant, tiens-toi prêt

Et sois bien aux aguets.

À un signal donné

Il fondra les nuées

Pour incarner l'espoir,

Faire éclater sa gloire.

Des fleurs à foison

Il y a tant de fleurs, de fleurs à délivrer,
Des fleurs pour tous ceux-là que je veux honorer.
Elles sont toutes spéciales et si diversifiées
Que mes mains sont chargées de branchettes à craquer.

Dans le jardin de mon cœur je les ai coupées
Là où germent toujours les grains de mes pensées,
Arrosées chaque jour de mes meilleures idées
Surgies d'une fontaine aux jets illimités.

À tous mes chers parents, à tous mes chers amis,
À tous les derniers nés, les tendres tout-petits,
Aux nièces, aux neveux, aux cousins, aux cousines,
À mes frères, sœurs, les chrétiens réunis ...

À tous ces gens zélés qui défendent la vie,
À ceux qui ne cessent de donner leur appui,
Aux lecteurs assoiffés de tendre poésie,
Je leur envoie à tous, ce mélange garni.

Réflexions finales

Avant de partir, jetons donc un coup d'œil sur l'horloge atomique[12] vite du temps. Voyons quelle heure il est. À notre grande stupéfaction, il est minuit moins deux secondes. Que veut dire cela ? C'est qu'il existe une horloge qui règle et détermine la durée des temps selon la quantité des armes nucléaires existantes et la fragilité du monde actuel. Quant à l'environnement, *global warming*, ou réchauffement de la planète, il y a environ deux décennies cette horloge atomique marquait minuit moins cinq.

Quand les deux tours jumelles du World Trade Center se sont effondrées et réduites en enzymes-particules, avec un bilan exorbitant de trois à quatre milles morts, ce fut la consternation générale. L'on pensait que c'était la fin du monde. Aujourd'hui, le

---

12 Une horloge atomique est une horloge qui utilise la pérennité et l'immuabilité de la fréquence du rayonnement électromagnétique émis par un électron lors du passage d'un niveau d'énergie à un autre pour assurer l'exactitude et la stabilité du signal oscillant qu'elle produit. Un de ses principaux usages est le maintien du temps atomique international (TAI) et la distribution du temps universel coordonné (UTC) qui sont les échelles de temps de référence.
https://fr.wikipedia.org/wiki/Horloge_atomique

coronavirus COVID-19 [13] a déjà affecté près de huit millions de personnes dont un nombre impressionnant de morts grossissant jour après jour. Il se fait vraiment tard à l'horloge du temps. Le retour de notre Seigneur Jésus-Christ est imminent. Bientôt il arrivera dans les airs, encadré du gouvernement céleste pour juger la terre, aussi bien la transformer en une place nouvelle où il n'y aura plus de pleurs, plus de confinement, plus de réchauffement de la planète. Il fait vraiment tard.

Tournons rapidement les pages des livres de Daniel et d'Apocalypse dans les Saintes Écritures, « la Bible », et nous comprendrons combien les prophéties vont arriver à leurs termes. Il ne reste donc plus de temps, frères et sœurs. Soyons prêts. Jésus revient bientôt. Maranatha ! Christ revient.

---

[13] Source : Organisation mondiale de la Sante (WHO), 15 Juin 2020.
Pandémie de maladie à coronavirus 2019 (COVID-19)
Personnes affectées — Global : 7 823 289 cas ; 431 541 morts.
Les Amériques : 3 781 538 cas ; 201 848 morts
https://www.who.int/docs/default-source/coronaviruse/situation-reports/20200615-covid-19-sitrep-147.pdf?sfvrsn=2497a605_2

Table des Matières

Préface — 5

Éloge pour Expression de foi — 7

Remerciements — 9

À la découverte de l'auteur — 11

Dieu, ses attributs — 15

Le trône de Dieu — 17

L'homme, sa genèse — 20

L'homme, ce complexe — 22

Qui est le Diable ? — 24

Le péché originel — 27

Mens sana in corpore sano — 29

Voilà pourquoi — 31

Jésus, sa petite histoire — 33

Rendez-vous dans les airs — 36

Le bon berger — 39

Ecce Homo : Voici l'Homme — 41

Jésus-Christ est ressuscité, alléluia ! — 44

Jésus est vivant — 46

Profil du nouveau millénaire — 50

À bord du « canter » — 53

Des ballons d'espoir — 56

Êtes-vous prêts ? — 68

Apocalypse _____ 71

11 Septembre 2001, une tragédie … Un réveil _____ 73

Le temps d'après _____ 76

Baptême de vérité _____ 79

Maman _____ 81

Monologue de Maman_____ 83

Noël, c'est quoi ? _____ 86

Noël multicolore _____ 89

Il y a de l'espoir pour chacun _____ 90

Des fleurs à foison_____ 93

Réflexions finales_____ 95

Expressions de Foi

ISBN : 978-0-578-66414-9

Sources images de couverture :

Seng, Kim (Captain Kimo). *Hot Air Balloon High in Blue Cloudy Sky with Sunrays*. https://royalstockphoto.com/gallery/hot-air-balloon-high-in-blue-cloudy-sky-with-sunrays/

Williams, Kevin A. (WAK). *Step out on Faith.*

https://www.blackartdepot.com/products/step-out-on-faith-female-by-kevin-wak-williams

Achevé d'imprimer en Juin 2020

Imprimé aux États-Unis